도요陶窯 속 영혼의 미로

지성·감성의 메타언어
조선문학시인선·292

도요陶窯 속 영혼의 미로

김 영 실 시집

조선문학사

■ 시집을 내면서

해맑게 핀 5월의 모란꽃 꿀을 찾아 누비는 한 마리 호랑나비 되어 글밭에 앉았다. 좌선으로 마음을 비우며 묵향에 난을 치면서 혼을 태우는 도요와 흙을 빚으면서도 문학에 대한 미련은 잊지 못할 첫사랑처럼 지울 수 없었다. 아물아물 잊어버린 것 같고 놓칠 것 같은 아쉬움을 떨쳐 낼 수 없었다. 시에 대한 욕망이 죽순처럼 돋아나면 가슴을 뛰게 했다. 그 속에 내 삶과 영혼이 있다.

고맙게도 친구 같고 스승 같은 한밀 이경주 시인의 지도로 언감생심 조선문학에 시로 등단되고 보니 더 큰 바람이 없는 것 같았다. 여기 틈틈이 한국일보, 중앙일보, 미주현대불교 등에 상재된 졸시 들을 모아 『陶窯 속 靈魂의 迷路』란 타이틀로 첫 시집을 발간하게 되었음을 감사한다. 선배님들의 지도아래 시인의 서열에 섰다는 기쁨은 더 말할 나위 없다.

나에게 모든 시혼을 불러들인 영께 두 손 모아 영광을 돌린다.

도자기 가마

2400F백열 가마 속에
내 혼을 태운다
불혀가 검은 연기를 삼키며 낼름대는
신들린 살풀이

고집스럽게 일렁이는 화신
내 정기를 송두리째 삼킨다

삼단 같던 머리
버들가지처럼 풀어 제치고
한 맺힌 응어리로 도려낸다

삭으러진
싸늘한 도요의
산통으로 까만 자궁이
숱한 옥동자를 낳는다

시집을 내면서 자녀들의 뜨거운 성원과, 편집과 평설로 칭찬해 주신 조선문학의 박진환 교수님, 賀書를 써주신 이경주 시인님 그리고 축복의 글로 격려해 주신 微碩 최영권(프란시스)신부님께 감사의 마음 깊이 담아 본다.

2011년 初夏
苑羊 金 榮 實

■ 賀書

도요陶窯 속 영혼의 미로

불혀가 일렁이는 첨열(尖熱)의 가마 속에서 익혀 낸 영혼의 시 『도요(陶窯) 속 영혼의 미로』가 苑羊 김영실 시인의 장자(長子)로 태어난 것을 먼저 진심으로 경하드린다.

정말, 김영실 시인은 다재다능한 재주와 고운 성품이 이웃에 좋은 벗이 되며 연못에 핀 연꽃과 같은 잔잔함과 때로는 금강석과 같은 강한 의지력으로 매사에 적극적인 기질을 갖고 있다고 생각한다. 김영실 시인은 늘 시의 소재 속에 살고 있다. 그의 삶이 시요, 예술이라고 생각한다.

본국 문단 월간 『조선문학』에 시로 등단한 것 외에도 도예가이며 동양화가이고 또 한의사이며 40여년 참선해 오는 도인이다. 이런 것들이 모두 근실과 인내의 결실이라고 여겨진다.

나는 김영실 시인을 대할 때 마다, 성실하게 장사하여 주인에게 이익을 남기는 신실한 일꾼, 신약성경에 비유로 나오는 5달란트를 받은 성실한 일꾼이라고 생각한다. 만학 시인으로 시작에 쏟는 열심과 고뇌하는 창작열에 존경의 마음을 금치 못한다.

이 『도요(陶窯) 속 영혼의 미로』에는 도요 속에서 연마한 알토란 도자기 같은 시가 글 쓴 이의 혼과 함께 춤춘다고 하겠다. 여기에 인생이 있고 사랑이 있고 그리움이 있고 눈물과 슬픔과 철학이 있다. 특히 김영실 시인은 어떤 형틀의 유형이나 양식이나 시의 모델에 구애 받지 않고 오로지 진솔한 마음을 토해내는 글 혼에 감명을 받는다.

앞으로 더 정열적 창작활동을 통해 둘째, 셋째 더 많은 자손을 낳는 문운(文運)을 기대한다.

봄이 움트듯이
세미(細美)한 시(詩) 바람이
잔잔한 시심(詩心)에
꽃망울을 터뜨렸다.

봄 가고
여름 가고
가을 오면

시나브로
봄 아지랑이
가지마다
시과(詩果)
풍성하리

2011년 初夏
시인 한밀 이 경 주

이조 르네상스 여인

김영실님을 보게 되면 가장 먼저 떠오르는 두 단어가 있다. 첫번째 단어는 '이조여인', 그리고 두번째 단어는 '르네상스 여인' 이다. 이조여인이란 어떤 의미를 내포하고 있는가. 모든 것을 알고, 모든 것을 이해하고 또 모든 것에 대하여 감지하고도, 모든 것을 절제하고 모든 것을 함구하고 또 모든 것에 대하여 모르는 척 해야 했던 이러한 배경 가운데에 조선 여인 특유의 우아하고 부드러우면서 또한 모진 비바람과 거친 폭풍우 앞에서도 끄떡 않는 외유내강이라는 삶의 틀을 낳았고, 그 틀 안에 다시 한이라는 심정의 씨앗이 잉태되어 이조여인이란 시대적 고유개념이 생겨났을 것이다. 그렇다면 한이란 무엇인가. 그 틀 안에서 사람이 느끼고, 인식하는 모든 차원의 아픔과 고통, 고뇌, 서러움, 그리움, 이루 말로 형언할 수 없는 찢어지고 미어질 듯한 마음과 감정의 상태가 부인되고, 함축되고, 축소되어, 걸러지고 또 걸러져서 결국에 남겨진 궁극적인 외마디 "한"이 아니었던가. 그런데 이러한 삶 가운데에서도 자신 안에 감추어 드리워진 문예부흥을 꿈꾸던 르네상스 여인들이 있었으니 이름하여 신사임당, 허난설헌, 신윤복 등이 있었다.

그로부터 많은 세월이 흘렀다. 수도 없이 많은 사람들이 그 땅에 한많은 삶을 뿌리고 간 것을 역사는 지켜보았다. 수많은 세월이 흐른 오늘날 나는 잊혀져가고 있는 이조 르네상스 여인의 맥을 잇는 한 사람을 이곳 미국 워싱턴에서 만났다. 40년간 좌선하며 수도 없이 불 가마니 앞에서 자신의 혼과 한을 불어넣어 한생명, 한생명이 도자기로 태어날 때마다 하늘과 땅의 만남에 감사하며 흘린 환희의 눈물을 삼키는 도예가, 그것으로도 부족한듯 그 눈물 방울들 자신의 도자기에 담아 먹물 만들어 풀어헤친 머리털 정갈하게 묶어 만든 붓으로 사군자를 그리는 동양화가. 과연 신의 은총인가. 바야흐로 또 하나의 거대한 저수지 둑이 무너져내리니 그 안에 축적된 영감과 시상, 쓰나미와 같이 거부할 수 없고 또 피해갈 수 없는 힘으로 그의 온 의식 삼켜버린다. 때론 물 위에서, 때론 물 속에서, 때론 물이 되어 모든 것 맡기고 휩싸여 흘러간다. 한폭의 나룻배에 차곡 차곡 쌓인다. 쓰나미 조차 벗삼아 보물 건져내는 그녀는 용왕님 조차 건드릴 수 없는 해성녀(海聖女)다. 농부가 뿌린 한톨의 씨앗 밥알 되어 밥상에 오르듯, 그가 건진 보물들 한글자 한글자 시되어 책속에 담긴다. 화엄사상에서는 한톨의 밥알에 온 우주가 들어있다고 한다. 뿌리는자가 있어야 하고, 비가 있어야 하고, 해가 있어야 하고, 구름과 바람이 있어야 하고, 거름이 있어야 하고, 경작자가 있어야 하고, 거두는 이가 있어야 하고, 내다 파는이가 있어야 하고, 사는 이가 있어야 하고, 만드는 이가 있어야 비로소 한톨의 밥이 되어 밥상에 오르니 말이다. 그러니 쌀 한톨에 온 우주가 다 들어가 있다는 말이 맞는 말일것이다. 이제 이 한권의 책을 통하여 우리는 그녀의 우주를 만나게 되었다. 눈물을 만들고, 눈물을 삼키고, 눈물로 먹삼아 결국은 그 눈물 쓰나미 속에 스스로 잠겨버린 그녀만의 우주 말이다. 마지막으로 축복의 시 한수 적어 이 시대의 진정한 이조 르네상스 여인의 옥동자가 세상에 나오게 됨을 축복하면서 이만 글을 맺으려 한다.

원양꽃

꽃이 만발하였네
눈부신 주홍빛 향내나는 감
포동포동 보라빛 뽐내는 자두
노리끼리 분홍빛 수줍은 복숭아
비바람 지나고 흙냄새 피어나니
움틀꿈틀 숨은 씨알 꽃몽오리 흔든다
꽃이 만발하였네
원양꽃이라 하였던가

2011년 5월
微碩 최영권(프란시스) 신부

김영실 시집 **도요 속 영혼의 미로**

제1부 / 영혼의 미로

제2부 / 물레질

제3부 / 풍선이 터질때까지

제4부 / 대역 & 영시

제5부 / 시집평설

제1부

영혼의 미로

영혼의 미로

모든 것 잊으면 좋겠다

털털거리며
비틀거리며
나를 잊고
길을 잃고
근심걱정 아픔도 죄다
세상의 모든 것 잊고 싶다

내 눈물
내 뺨에 느끼는
행복한 눈물만 기억하고 싶다

난
내일이 없어도
내 생이 지금 끝나도
행복한 영혼을 기억할 눈물만 생각하고 싶다

삶의 무늬

칠색 실 골고루 모아
타래타래 버무려
삶의 무늬를 짠다

아픔, 절망, 기쁨, 소망은 빨간색으로
분노, 실망, 참음은 파랑색으로
사랑과 이별은 진한 핏빛

생과 사를 보라로 하면
고마움과 서러움은 노랑으로 할까

삶의 고비마다 검정실로 매듭짓고
메울 수 없는 구멍일랑 남겨놓은채

기암에 기댄 노송은
푸른 하늘 머리에 인 구름은
속 깊이 흐르는 강물은
높은 기상 품은 태산은

또
무슨 무늬로 짤까

실타래는 오늘의 무늬를 짠다
삶의 무늬를

별이 되리

나는
밤하늘에 반짝이는 별이 되어

내 사랑하는 귀여운 아기에게
별빛처럼 조용한
자장가를 불러주리

내 사랑하는 님에게는
별처럼 잔잔한
사랑의 세레나데 불러주리

내 사랑하는 엄마에겐
별처럼 빛나는 눈으로
숭고한 사랑을 감사하는 사모의 노래 부르리

내 사랑하는 벗들에겐
별빛처럼 부서지는 웃음으로
옛날의 동산 잔디의 추억을 노래하리

그래도
그래도 그리움 남으면
붉은 와인 글래스에 별빛을 담아
조용히 가슴 울리라

행복

만나면
만나면
좋은 사람

보고 있어도
보고 있어도
보고픈 사람

서글픈 미소
실망의 웃음
평화를 찾으려는 눈감은 얼굴

보고 있어도
보고 있어도
보고픈 사람

아지랑이 되어 날아가버릴
이 순간의 행복이여

허무

웃음 먹고
눈물 마시고
아픔과 서러움
공중에 띄운 체
한 줌 재로
아물거리며 날아간다

영혼은 멀찌감치
아이들의 흐느낌을 듣는다
막이 내린 뒤에 홀로 서 있는
연기자 같이

한 줌의 재는
공수의 교훈이라고

목탁소리

고사(孤寺)의 목탁소리
노송을 비껴가고

지천명(知天命) 득도(得道)의 길
구만리 속세(俗世) 같건만

노승(老僧)의 천연스런 목탁소리
내 마음의 비목(飛木) 같아라

※ 비목 : 재목을 다듬느라고 대저귀질 할 때 자귀에 찍혀 나오는 나무 조각.

운기(運氣)

회음(廻陰)에서
독맥(督脈)을 통해
기(氣)를 올린다
백회(百會)에서 다시 임맥(任脈)으로

오른쪽 눈에서 눈물이 난다
주르륵 눈물이 난다
아픔을 보내는
아픔을 씻어주는 고마운 샛 물

입안에 잔뜩 고인 단침을
단전으로 삼키며
오늘의 건강을 저축한다

좌선

옥수
촛불
향

방석위에
복잡한 번만(煩濍)

들숨 날숨
정화의 숨

흙탕물이 갈아 앉듯
거울 같은 맑은 물

들숨 날숨
무궁의 숨
오늘도
또
방석위에

욕심

유령의 파라다이스
잣대로 잴 수 없는 스케일의 지계
아이들 울음소리도 없다

큰 대궐
정적뿐이다
아크릴릭 대형 유리 현관 앞 리무진도
리빙 룸의 찬란한 샹들리에도
죽음의 그림자에 움추렸다
스산한 욕심으로 공간과 시간이 멈췄다
양심의 죽음

욕심으로
검소(儉素)의 소망을 박탈해
부의 과장의 허세로 울타리 치며
빈손으로 떠날 때
삶의 홍정 앞에
욕심으로 막으려는 영혼의 시체
욕심으로 죽어가는 영혼의 시체

사랑

사랑은 옹달샘
푸고 퍼도 고이는 옹달샘

사랑은 샘물
갈한 목을 해갈하는 청량수

사랑은 용광로
쇠도 녹이는 불덩이
뜨거운 가슴

사랑은 주는 것
값이 없는 것
줘서 기쁜 것
옹달샘 같이 퍼 주는 것
샘물 같이 해갈하는 것
용광로처럼 뜨겁게 용서하고 안아 주는 것

사랑은 줘서 행복한 것

정(情)

그렇게
가시려면
정마저 가져가시지

어째서
이 밤 홀로
촛불 밝혀 지새는고

이 세상
못 다한 인연
내생에서 다시 맺으리

축(軸)

머리와
가슴을 잇는 축이
중심을 잃었다

터질듯
가슴은 풍선처럼 하늘로 높이

온갖 사념의 무게
가슴에 더 커지며
중심 잃은 축의 풍선으로 높이 오른다

중심 잃은 축의 풍선
무궁(無窮)에 방황 말고
차라리 빨리 터져라
대기의 중력을 차버리고
대괴(大塊)의 축으로 돌아오라
내 영혼의 축아

여명(黎明)

여명과 둘이서
커피 하려는데

새들도
한
둘
참견하고

붉은
해님
늦잠 깨시네

촛불

두 눈빛

두 그림자
벽에 걸렸다

침묵
침묵

그림자 하나
길게 벽에 누었다

촛물이 주르륵
눈물 흘린다

구혼(救魂)

등 뒤에 그윽한 눈길을
외면해야 하는 그는
무척 수척하다

무언의 눈맞춤을
사시(斜視)로 보아야 하는 그는
가슴이 메었다

무엇으로도
덮을 수 없는 영혼은
시립디
시립다

구혼하려고
기도하던 그는
혼과 함께
훨훨 날아가고 있었다

선물

나뭇잎 사이로 스며드는
햇빛이 행복을 선물합니다

보고 싶은 얼굴 불러 와
졸졸 흐르는 냇물을 보랍니다
자유로운 새들을 보랍니다
평화로운 노루들 보랍니다
그들 같이
나도 평화하고 자유하랍니다

나뭇잎 사이로 스며드는
햇빛은
평화를
자유를
행복을 불러 옵니다

내 영혼에 초가집 지으리

내 영혼이 타서 재가 되면
하얀 재 빚어
영혼의
삼 칸 초가 지으리

북쪽으로
작은 창문 하나
남향 문지방을
높게 하여 미닫이 달고

퇴방에 옥수(玉水) 떠 놓고
기다리리
기다리리
그의 영혼을 기다리리

빈손

따뜻한 손
온기만 남겨 놓은 채
혼만 훔쳐가고

지금
피멍울 떨어져
잎을 붉히네

성급한 시간은
멈추지 않고

순간은
영원으로
영원으로
훨
훨

앙상한 나무 가지는
빈 손만 만지고 있네

여백

식곤증
사르르 두 잎 낙엽으로

게으른
긴 그림자는 저만치

까마귀 한 마리 막연한 숲속으로
짝 찾아 가는 초조

오수에 텅 빈 골프장
혼자 된 까마귀와 외로운 골프장

낮게 떠 있는 한 조각 구름
늘 거기 있는 너
다정히
포옹하는 이 순간은
긴 여백

제2부

물레질

당신이 가시던 날

그 많으신 말씀
어디에 두고
문 닫으시었소

언제나
들을 줄 알았던 말씀

눈 감으면 자장가
내 슬플 때는 광대 되시더니

날
떨구고 가실 때 마지막 말씀
"우리 모든 것을 같이 했는데"
짧은 말씀

작별

안개 뒤에
아련한 미련들

정중히 작별을 고해야 할
삶의 연결고리로 이은 아름다운 인정에
꼭
인사를 해야 한다

고맙다고
사랑한다고
하늘만큼
바다만큼

꽃과
새들에게
그리고

마켓 점원에게
배달원에게

청소부에게
늘 따끈한 커피를 함께 마시던 친구들께도

우주만큼
땅만큼
고맙다고
사랑했다고

그리움

그리울 땐
침이 고인다

아기의 젖내음
당신의 그리움

누룽지 내음 같이
텃밭에서 금방 따온
할머니의 풋고추 내음 같이
할아버지의 입담배 내음도

못견디게 그리울 땐
단침 한 입
꿀꺽 삼킨다

이별

핏빛 해가 서산에 업혔을 때
손을 놓은 우리

님 그리며 서 있는 나는
동구밖 장승

둥지 찾는 새들 수산스레 쫑아대는 입질에
터진 보자기가 풀어 놓은 어둠

되돌림표 없는 헤어짐은
자꾸 그림자 꼬리를 잘라내며 멀어만 가는데

날숨 멎은 나는
회오리에 휘말린 한 잎 낙엽

막차

Dogwood에 앉은
한 쌍의 Cardinal

막차
울대 찢어지게 목쉰 기적소리
식어오는 체온을 안고
이별 앞에
손을 놓았다

도돌이표 없는
마침표에
막차를 떠나보낸 심연(深淵)의 아픔을
다시 꺼내어 읽는다

지난 봄은
모든 게 아름다웠다

Dogwood에 앉은

한 쌍의Cardinal에게
"지난 봄은 모두 아름다웠다"고

막차를 기다리며

별을 세는 밤 · 1

별
하나
나 하나

별
둘
우리 둘

이 별은 네 별
저 별은 내 별

지금은
혼자 별 세는
임 생각 그리워

별을 세는 밤·2

별 하나
나 하나
높은 밤하늘
달그림자 아래

이 별은 내 별
저 별은 네 별

별 둘
우리 둘

별똥 하나 떨어졌다

별 하나
나 하나

싸늘한 밤공기 임 생각에
지금은 나 혼자 별을 세는
외로운 밤

빈 둥지

이른 봄부터
부지런히 지은 보금자리에
품다 만
작은 알

두 알 품고
살림 꾸리자던
비껴간 언약

반쪽 난 파란 껍질
비련의 자취
아무 것도 남지 않은
빈 둥지

울고 싶은 마음

울 수 있다는 것도 행복이다

바다 노래 불러주는
조가비 보고

하루가 천년인
하루살이를 생각하며

번갈아 먹이 나르는 파랑새
어쩌나 둥지 떨어지면

젖은 빨래처럼
축 늘어진 친구의 뒷모습
주독(酒毒)을 감추려는 삼촌의 떨림

차에 치어 벌떡이는
죽어 가는 다람쥐를
보고만 있는 나
울고 싶다

그림자

내가 있는 곳엔 그가 있다
내가 그를 떠날 수 없고
그도 날 떠날 수 없다
맑고 청명한 날에 더 가깝다

윤리와 도덕을 요구하지도 않는다
비평도 없다
그저 조용히 바라 볼 뿐이다
비밀도 없다
질투는 더 더욱 없다
가끔 나의 조그만한 뿔을 보고는
가만히 웃어 줄 뿐

그리움에 지쳐 있을 때
누구에게도 보이고 싶지 않은 마음도
내게 묻지 않고
더 밀착하여 내 곁에 누워준다
그는 나의 검은 동반자

기다림 · 1

기다림은
기다림은
외로운 것
바위 옆에 홀로 핀 들국화
멀리 들려오는 기적소리
기다림은 적막의 울림
들숨과 날숨이 헷갈린 정점

기다리다
기다리다
주저앉으면
그 자리에 실언의 바위 되는 것

기다림 · 2

가다리는 마음
얼마나 큰 행복인가?

동구밖 장승처럼
기다림의 화신으로
세월을 잊은 채

눈비
부딪쳐도
내 마음 거기 둔 채
진한
기다림의 행복을 위해

슬픈 것은

사랑의 아픔을 잊은 것
불태우고픈 삶의 고아들
그 속에 바래가는 하얀 기억들
자꾸 멀어져 가는 그리운 사람

광풍에
제각기 몸부림치다 부러진 가지들
사랑을 잃은 생명은
죽음보다 슬픈 것
그래서
나무는 뿌리로
뿌리로 포옹하는 것인가

푸르름

나무는
사랑하는 사람이 많은가 보다
늘
푸르니깐

푸르름을 앗아가면
나뭇잎은
폐렴으로 구르려니

그래서
푸름을 다 빨아 먹히면
피를 토하고
빨간 낙엽이 되는가 보다

수술대 위에서

내 혼이 나를 내려다본다
창자를 드러내 논 생선 같은
수술대 위의 나를 내려다본다

하얗게 바랜 기억들이
기적소리 울리며 다가 왔다가
촉촉한 눈물 되어 멀어졌다가
자상한 님의 음성으로 돌아왔다가

내 혼이 나를 내려다 보고 있다
푸르게 얽힌 내 집착을 보고 있다
그리고
사랑의 응원을 한다

이젠
모든 것 버리란다
버리란다
버리란다 다 버리란다

쉼터

낙엽
흙으로 돌아간다
윤회의 법칙은 회생이다

내일이면
나도 흙으로 돌아간다

흙은
어머니의 자궁
영혼의
영원한 쉼터

한 줌의 재

웃음
눈물
인생은 안개
머물다 간 구름

하얀 골분(骨粉)
영혼의 흐느낌
모두
한 점의 period

죽음은
막이 내린 무대 뒤에
홀로 서 있는 주인공

한 줌의 재로
본향으로 돌아가는
공수(空手)의 주인

흙

목
화
토
금
수
오행상생(五行相生) 우주의 화음(和音)

생명을 잉태하는
여인의 자궁

인고로
거목을 키우는 신비
흙은
만생(萬生)의 젖줄
만물의 영혼
흙은 영원한 어머니

모두 흙으로 돌아간다

한 줌 흙으로

한 줌 흙으로
옛 동산 지으리
거기에 옛 동무 불러 모아
그리운 옛 고을 지으리

동산 개울가에
엉덩이 드러내고
끼득거리며 물장구 치던
도사리의 그리움 귓속에 담으며

염숙이
양숙이
옥자의
통통한 마음을 빚고
향수에 깊이 패인
두근거리는 마음으로
망향의 그리움
한 줌의 흙 속에 묻으리

물레질

빨리 돌리고
천천히 들어 올렸다 살짝 내리고

흙의 유희를
희롱하는 짓궂은 친구
빨리 쫓아가다 중심 잃은 흙덩인
엎어진 내 몰골

차분히
긴 숨 쉬며
천천히 흙과 호흡한다

넓어지며
좁아지며
저항 없는 흙에서

청자
백자
토기

물같이
바람같이
신들려 빚는다

물레는 흙 속에
세월을 빚는다

토기(土器)

흙이 좋아 흙에서 산다

밟고
치대고
주무르며

돌리고
다듬고
어우리며 물레질 한다

난산의 고통 속게 태어난 도사리
유약을 입혀
첨열(尖熱)의 불혀 속에 넣는다

천인단애(千?斷崖)의
옌병을 알아야 부활한다

푸른 불혀가

가마 구멍에 솟구치고
마지막 숨이 끊길 때
토기(土器)는 영생한다

※ 옌병 : 죽을 병을 이르는 속된 말.

조약돌 다섯 개

첫째 조약돌에 1을 썼다
둘째 조약돌에 2를 썼다
세 번째 조약돌에 3을 썼다
네 번째 조약돌에 4를 쓰고
다섯 번째 조약돌에도
빨간 매니큐어로 5를 써서
바다 멀리 수평선을 향해 던졌습니다

돌 하나에 미움을 담아
돌 둘에 질투를 얹어
돌 셋에 욕심을 심고
돌 넷에 비평을 발라
돌 다섯에 아픔을 묶어
덮쳐오는 깊은 파도 속에 던졌습니다

파도가 덮친 다섯 개의 조약돌은
미움을 사랑으로
질투를 자비로
욕심을 나눔으로

비판을 칭찬으로
아픔을 기쁨으로 바꿨습니다

다섯 개의 조약돌은
모두 하얗게
소중히 내 맘에 담겨졌습니다

조각난 도자기

산산이 깨버린 도자기
아픈 가슴에 쓸어안는다

내 얼굴을 두 손으로 가리는 것은
차마 볼 수 없는 눈물 때문이다
무지하게 내 손으로 깬
도자기 조각들
떨림으로
조각조각 붙여 모자이크해서
금줄로 엮어본다

눈물이 앞선다
거기, 꼭 있어야 할
지극히 작은 한 조각이 보이지 않는다
금관을 써야 할 것이
벌써 버림 받음이 서러워
멀리멀리 떠나 버리고 없기 때문이다

할머니의 낡은 농(籠)

늙은 농속엔
켜켜로 갠 할머니 낡은 세모시 적삼
무명천에 감싼 아들 딸 손주들의 젖 이빨
명주천에 꽁지꽁지 꼽친 땅문서
세월 바랜 누런 사진들
때 묻은 묵은 정
세월을 잊고 있다

자개옷장
이불장
붙박이장의 잊혀진 낡은 농속엔
개구리의 죽음 슬퍼하며
사금파리 늘어놓고 소꿉살이 하던 내 어린 꿈이
아직 할머니 낡은 농속에 남아있다

발을 주물러주던 사람

슬퍼하는 여인의
발을 주물러주던 사람

그토록 슬픈 마음 볼 수 없어
안경 밑으로
눈물을 찍던 사람

마음도
사랑도
모두 내어주고
남은 것 재밖엔 없던
그래도 못 다한 아쉬움에 눈물 찍던 사람

슬퍼하는 여인의
발을 눈물로 주물러주던 사람

이불솜을 타고

단단하게 굳어진 마음
솜틀에 넣어
틀고 또 틀어서
구름 같이 부드러운
솜이불 되면

따뜻한 훈기를 불어 넣어
꽁꽁 언 님의 마음
봄날 같이 녹여 주리라

자비와 희생과 사랑 실로
한 뜸 한 뜸
두려움에 찢긴 아픔을 꿰매주리

그리고
아집에 얽힌 내 마음 벗어 던지고
두둥실 하늘로
훌가분 날아가리라

커피와 과자 하나

당신이 좋아하던
비스킷 하나

뜨거운 커피에 찍어 들고

달빛 조는 밤
조용히 눈 감고
당신의
체취를 마십니다

보리밥

연두색 연한 꽃대롱에
노란 민들레 필 때

봄 푸성귀
소금물에 살짝 데쳐
초장에 조물조물 주물러
뚝배기 된장에
감투밥으로
논두렁에 퍼져 앉아
새참으로
막걸리와 함께 먹던 보리밥

보리 고개 때
고마운 보리밥

커피

적막이
누리를 덮으면
마음은 그리운 너를 찾아 간다

너는 너
나는 나
바쁘다는 핑계

침묵으로
흰 눈이 무겁게 덮이면
벌써 네 앞에 선다

평생
동행하자던 너는 약속 잃은 낙엽

콘드라베이스의 선율에
고독을 실려 보내며
혼자 독백하며
너 없는 커피를 혼자 마신다

제3부

풍선이 터질때까지

꽃과의 대화

꽃과
이야기합니다
떨어진 꽃잎과도
슬픈 사연의 이야기를 합니다

낙화의 설움
내 맘 같습니다

가신 님 그리움
잊지 못해
낙화와 이야기 합니다

그래도
바람이 얼굴 쓰다듬어
축복이란 고운 글씨 써 놓고 갑니다

봄이 오는 소리

얼음 녹는 소리
개구리 잠 깨는 소리
민들레 꽃몽우리 트는 소리

숲 속엔
꽃잔치 한창
물이 오른 버드가지 그넷줄 늘이고
노란 병아리
뿅뿅
엄마 따라 나들이 가는 소리

연두색 아가손 패랭이꽃이
양지쪽 담벼락에 기어오르는 소리

아직
봄은 눈 속에 졸고 있는데
여기 저기 봄이 기지개 켜는 소리
봄은 소리로 오는 가 봐

봄의 연가

뿌연 막걸리에
흠뻑 취한 아지랑이
심연에서 우는 보슬비

옷깃을
여미고 또 여며도
살며시
비집고 찾아온다

콧등에
꽃분 비비다
촉촉한 너의 연가 들었다

꽃향기 흩어진
웃음 그친 곳
벌써
훗날을 기약하는
너의 푸른 믿음을

연못가에서

신비의 고요가
깊이 잠든 연못가에
무언의 울림 깨어있다

원앙 한 쌍
수윤(水輪)으로
보고픈 얼굴 그려준다

훨훨
날려 보내야 할
혼

그 얼굴
자욱한 안개 속으로
숨 멈춘 고요 속으로.

호랑나비

핏빛 장미꽃에서
정을 핥고

청순한 배추꽃에서
노란
사랑에 목을 적시는
나는 호랑나비

오늘을 사는 호랑나비

빨간 장미꽃

님의 정 사무쳐
빨갛게
빨갛게
장미로 태어났습니다

님의 이름
향기로 부르다가
부르다가 가시 되어
아픈 마음의
붉은 피를 토합니다

이제
더
토할 피가 없어
마른 장미로
벽걸이 되었습니다

반달

나무 잎이 가지를 떠나는 밤
토막 내며 잠 설치는
내 마음
우듬지에 걸린 반달

그리움
수심에 쌓여
성에로 덮인 언 창에

님의 생각
한 뜸
한 뜸
눈물로 꿰어
남은 반달 채워가리

바닷가에서

구름이 환히 웃을 때
바다는 재롱을 부린다
밀물 썰물이 뜨겁게 포옹한다

구름이 붉게 웃을 때
바다는 손짓한다
달과 별에게

해꼬리 떨어지는 해변
뽀얀 모래위에
외로운 발자국 하나

별똥별처럼 싸늘해진 맘으로
외로운 발자국 찍어간다
구름도 외롭다

누에

번데기로
고치 속에
온갖 고난을 주름에 감추고
비단 나비 꿈꾸며

인고로
명주실 타래타래 풀어 내
비단옷 애벌레로 변신하여
나비 되어 훨훨 자유하는
인내에서 해탈하는 누에 되고파라

바위

천고로
세상 풍고(風苦)의 버림 속에
산 같은 노여움 안고
한 천년
물 같이 흐르는 세월

사랑도
인고의 무언으로
새벽 서리 쓰담으며
억겁의 세월
불의를 외면하며
무상한 세상 욕심을 한탄하는
노 선비

풍선이 터질 때까지

겹치고 겹친 서러움이
풍선 같이 터질듯 합니다

소나기가 장대 같이 내리면
나도 같이 엉엉 울고 싶습니다

기다리던 임 급히 올 것 만 같아
뜰에 나가 앉았습니다

기다리다 기다리다
임과 함께 듣던 음악을 틀었습니다
혼자 소리 내 불렀습니다
그러면 당신은 어느새 곁에 계십니다
당신과 팔짱을 끼고 거닐렵니다
내 그리움의 풍선이 펑 터질 때 까지

잔칫상

자연이
잔칫상 차려 놓았다

아이들은 풍선 같이
둥둥 떠다니고
나비들도 덩달아
무지개 위에 팔랑거린다

몰려왔다 몰려가는 라일락 향기
싱그런 바람에 영혼이 춤추네

잔칫상 너무 찬란하여
눈
귀
코
모두 커지고
마음도 커진다

님의 혼 부르고
딱따구리 오라하여
노래 한 가락 싱그럽게 불러보리
자연의
잔칫상 앞에서

윤찬의 졸업 날

가득 지고 가던
책가방 내려놓던 날

졸업 모
하늘로 날려 보내던 날

윤찬은
또 크나 큰 짐지게 되었다네

무엇이 들어 있나
알아볼 겨를도 없이

학비 재촉 없음에
안도의 숨 쉬는 아빠

이제는
머리카락 다 빠져
털 뽑다 남은 큰 새 같다네

분수 앞에서

분수가 쉴 새 없이 말한다
그걸 들을 수 있는 귀가 아직 열리지 않았다
까만 하늘의 별만 쳐다 본다

로비에는 고마운 커피가 동무해 주고

지구의 끝자락에 온듯하다
먼 곳, 인생의 주막 같은
아득히 먼 바다에 불빛이 별같이 영롱하다

해가 곧 뜨려나
새들의 재잘거림
동녘 하늘이 수채화로 밝아 온다

마지막 한 모금 커피마저 마셨다
이런 아침이면
나의 전부를 보일 것 같은데
듣는 사람도 손 잡는 사람도 없는 것이 아쉽다
이 찬나를 눈맞출 사람이 있다면 좋겠다

아름나무

크나 큰
아름나무를 안아 본 적이 있습니까
손이 닿지 않는 아름나무 말입니다

팔을 늘려 안아 보려 해도
손이 닿지 않습니다
팔을 늘릴 수도 없고
나무 둘레를 줄일 수도 없습니다

보고만 있어도
깊은 연륜(年輪)의
푸르른 앎이 숙연히 다가옵니다

그해의 6월

1950년 6월
육이오 전쟁이 갈기갈기 평화를 찢어 버렸다

피난 보따리 이고지고
젖먹이 등에 업고 어린 것 손잡고
지친 삶 끌어안고 눈물의 피난길
포성이 고막을 째며
미친 기총소사로 시체가 뒹구는 피난길

엄마는 엊그제 유명을 달리했고
아빠는 의용군에 끌려가고
배곯은 어린 동생 칭얼대던 그해 6월
노숙(露宿)의 밤하늘의 별을 세며
두려움과 눈물로 가슴 저렸다

그해의 6월은 전쟁의 포화로
평화를 잃은 아픔에
비도 유난히 슬프게 많이 내렸다

장미의 설움

어디선가
아기의 울음소리가 들린다
아픈가?
울음소리가 그쳤다
엄마의 젖을 잔뜩 물었나보다

작은 새 한 마리
꽁지를 들고 하늘을 향해 짹짹인다
짝을 찾는 구애(求愛)의 소린가?

어디서
다른 새 한 마리 날아와
둘이서
나풀거리며 날아갔다

장미꽃은 활짝 피어
향기를 내뿜는데
벌도 없고

나비도 보이지 않는다

사람들만 왁작거린다
꽃의 서러움을 모르는

가을비 · 1

새들조차
둥지 틀고
숨어 있는데

나체로 흠뻑 젖은
가지에 목을 맨 애엽(哀葉)
뜨거운 햇살을 연모한다

가을밤에
오는 비는
당신의 음성

추억에 스며든 눈물
취한듯 내 창문을 두드린다

가을비 · 2

소리 없이
가을비 밤새 내 맘 적신다
당신의 음성 같이
다정하게

운무 속 가을비에
낙엽 지는 소리
서러운 내 맘 같은데
어쩌자고 가을비 그치지 않고
추억에 취한 내 마음의 창을
이리도 두드려 아프게 하는가

가을

추근추근 가을비
종일 내린다

어느덧
가을바람 창문을 노크하며
단풍잎들
스산하게 가을을 재촉한다

날쌘 다람쥐
도토리 굴리는 둔덕에
들국화 향기 그윽히
미인의 가는 허리
코스모스
가을의 여인

갈대의 속삭임

오늘은 울고 싶다
속으로
속으로만
혼자 울고 싶다

무언으로 내미는 손에
고독함은 더 깊어 간다

Jazz를 틀어 놓고
지그시 눈 감은채
방황하는
영혼을 불러 온다

흔들리는 갈대 같이
흐느끼는 바람 같이
이 밤을 울고 싶다

가을이 오네

푸르름이
아직
하늘에 꽉 차있는데
잠자리 고추 빛으로 분장하고
붉은 가을을 기다린다

잔잔한 푸르름에
조용히 껴안긴 잎들
어이
초조한 나무의 마음 알리

수줍어 붉어지는 잎들을
어찌 껴안고만 있으랴
불사르고 싶은 젊음을
내 모른.척 하랴

아무렴
살을 가르는 아픔이지만

보내야지
보내야지

그리고
나도 가야지

마지막 잎새

계절의 전투에서
죽어간
숱한 전사자

깊은 산야에 쌓인
옥쇄자들의 사체

악전고투로
홀로
버틴 역전의 용사

우듬지에 달린 영웅
마지막 잎새 하나

겨울비

가슴이 아파서
숨이 막혀서
칠흑 같은 밤을
머리 풀고 우나 봅니다

정적 속에서 부는 휘파람
까만 포장 가르고 내리는 별똥처럼
참고 참던 그리움 되어
Chime을 울리나 봅니다

죽기로 매달렸던
마지막 잎이 손을 놓았습니다
통곡하는 비바람
세차게 문을 열어 제칩니다

벌거벗은 나무 가지들
슬프게
슬프게
겨울비에 떨고 섰습니다

눈꽃

숨을 멈춰라
호흡 있는 것들아

간밤에
소복이 만개한 하얀 꽃들
지면 어쩌랴?

내 맘
흰 꽃에 파묻힌 가지에
해맑게 웃는다

대지야 숨 쉬지 말아라
바람아 너도 불지 말아라
해야
너도 거기 섰거라

심술 진 바람에
따뜻한 햇살에
저

희디 고운 눈꽃 상할까
호흡하는 만물들 숨을 멈춰라

고목

고목에
녹두색 여린 잎이 돋았습니다
봄엔 뵈지 않더니
한 여름 뙤약볕에 해맑게 웃습니다

절단된 내 반쪽을 안고
안으로 안으로 파들어 가
홀로 상처를 핥았습니다
아직 새벽은 오지 않습니다

어느 날
고목 위에 예쁜 새가
빨간 음성으로 나를 불러냅니다
그리고
아름다운 노래를 들려주었습니다

고목인
내 속에도 새 잎이 돋아나고 있습니다

제4부

대역 & 영시

도자기 가마(陶窯)

2400F 백열 가마 속에
내 혼신(渾身)을 태운다
불혀가 검은 연기를 삼키며
신들린 살풀이

고집스럽게 일렁이는 화신(火身)
내 정기를
송두리째 삼킨다

삼단 같던 머리
버들가지 처럼 풀어 제치고
한 맺힌 응어리 도려낸다

사그러 진
싸늘한 도요의
산통으로 까만 자궁이
숱한 옥동자를 낳는다

내 영혼을 불태운다

Pots

Inside the 2400fkiln
White heat burns every ounce of my energy.
The tongue of flame licks black smoke
Performing exorcism.

Stubborn fire spirit bobs up and down
Swallowing my spirit completely.

With thick long hair
undone like willow branches,
The spirit scrapes out the core of spite.

The now cold
kiln labored like
a black womb,
Delivering many precious babies.

It burns my spirit and soul!

눈 큰 검은 단발머리 소녀

검은 단발머리에
눈 큰 소녀

늘 큰 눈에 할 말이 많은 소녀
꿈 많은 눈으로
내게 안기기를 원하던 소녀

세월의 시집살이
새벽 이슬로 훔치며
모질게 아파하던 눈 큰 검은 단발머리 소녀

이제
포근히 안아 주려니
시나브로
흰 서리 배추머리로 변했구나

빛바랜 나날에 빼겨버린 세월
그래도

동백꽃 같은 인내로
봄을 기다리는 홍매화 같이
아름다움 속에 너를 껴안는다

내 안의 나
눈 큰 검은 단발머리 소녀

A girl with bobbed hair

Black bobbed hair
Big round eyes

Every so often you
Came to me wanting to be held

The round eyes ceaslessly,
Wanting to tell me
So many stories.

The girl with bobbed hair
Heavy, difficult life
Big round eyes
Washed with crystal tears

I never even once
Held you

Before the change to
White frosted
Stolen sorrowful times

And yet,
Like winter camellias
Wretched endurance
Kept me going

Now, I enfold her
In my heart
The bobbed black haired girl
With round eyes

Embracing her
Inside me
Now,
Snuggly embrace her

In my heart
The bobbed black haired girl
With round eyes

Hugging her
I, inside me

죽어가는 불사조

- 인주김 Waide

나는 죽어가는 불사조를 본다

빨간 깃털들 펄떡이며 땅으로 떨어지고
반짝이던 까만 눈 회색으로

마지막으로 하늘을 보는 순간
생명체는 불덩이 되어 터져버린다
그리고 재만 남았다

나는 본다 잿더미를
눈물 가득한 눈으로

무엇인가 움직인다 잿더미 속에서

작은 아기 불사조 태어나는 것을

※ 할아버지가 운명하시기 며칠 전 쓴 손녀의 글(10살 때) 역:김영실

Dying phoenix

- Zoe Waide

I look at the dying phoenix.

Bright red feathers flutter to the earth.
Beady black eyes turn gray.

With a final look at the sky, the
Creature bursts into flame.

Then it becomes ashes.

I watch the pile of cinders
with tearful eyes.

It begins to stir.

From the pile, a tiny baby
Phoenix stirs to life

※ By Zoe In-Joo Waide January 2008

Dream

- Wakeley, Katharine 인해

Write something true,
Make it meaningful,
Persoal,
Create a dream.

Confess to yourself,
That you have been hiding
From what you want to do.
Admit that you want to be creative and smart.
Why not be an author?
A physicist?
You have unlimited options.

Think.
Expand your mind,
Breathe in new knowledge each day.
Go to school.
There is no horrible rush,

The future is wide open.

Go someplace peaceful and quiet,
Be honest, you have always wanted to.
Or maybe somewhere close to
A buzzing hub of busy life.

And what to own?
What to beclare your own personal property?
Would you have wonderful morals
And impeccable values?
Or something more material?
A fast car, Luxurious house?

And when you find yourself,
So clearly in the lap of luxury,
Who will surround you?
Will they be funny?

Smart?
Kind?
Crazy?

State your passions,
Those small, silly ones,
You do not think are important,
But really they are.

Write something true,
Make it meaningful,
Personal,
Create a dream, create a good life.

7th Grade, going up to 8th Grade
Katharine Wakeley
Yong-Sil Kim' grand daughter.

제5부

시집평설

영혼의 불로 燒成해 낸 詩

박 진 환
(문학평론가 · 문학박사)

Ⅰ. 前提

김영실 시인은 시인 · 도예가 · 동양화가 · 한의사로 미국에서 활동하고 있는 것으로 알고 있다. 한마디로 재주가 많으신 분이라기 보다는 폭넓게 예술을 섭렵하고 있다고 보는 것이 타당할 듯 싶다.

시인의 이웃이자 스승이신 이경주 시인은 김영실 시인의 시에 대해 "그는 어떤 형틀의 유형이나 양식이나 시의 모델에 구애받지 않고 오로지 진솔한 마음을 토해내는 시인"으로 소개하고 있다.

그런가 하면 재미 최영권 신부는 "40년간 좌선하며 수도 없이 불가마니 앞에서 자신의 혼과 한을 불어넣어 한생명, 한생명이 도자기로 태어날 때마다 하늘과 땅의 만남에 감사하며 흘린 환희의 눈물을 삼키는 도예가, 그것으로도 부족한 듯 그 눈물 방울들 자신의 도자기에 담아 먹물 만들어 풀어헤친 머리털 정갈하게 묶어 만든 붓으로 사군자를 그리는 동양화가. 과연 신의 은총인가. 바야흐로 또 하나의 거대한 저수지 둑이 무너져 내리니 그 안에 축적된 영감과 시상, 쓰나미와 같이 거부할 수 없고 또 피해갈 수 없는 힘으로 그의 온 의식 삼켜버린다"고 그의 도예 · 회화 · 시의 겸업정신을 말해주기도 한다.

시인 자신은 시집의 서문격인 「시인의 말」에서 "해맑게 핀 5월의 모란꽃 꿀을 찾아 누비는 한 마리 호랑나비 되어 글밭에 앉았다. 좌선으로 마음을 비우며 묵향에 난을 치면서 혼을 태우는 도요와 흙을 빚으면서도 문학에 대한 미련은 잊지 못할 첫사랑처럼 지울 수 없었다. 아물아물 잊어버린 것 같고 놓칠 것 같은 아쉬움을 떨쳐 낼 수 없었다. 시에 대한 욕망이 죽순처럼 돋아나면 가슴을 뛰게 했다. 그 속에 내 삶과 영혼이 있다"고 고백적 진술을 함으로써 도예 · 회화와 함께 꾸준히 시심을 다듬어 왔음을 말해주고 있다.

이로써 미루어 보면 시집 『도요속 영혼의 미로』는 도예와 회화와 시의 영역을 폭넓게 넘나들며 소성시킨 도예에서 보면 영혼을 불질러 일구어 낸 언어의 형상화가 시이고, 시에서 보면 그의 회화는 無聲詩가 되게 된다.

시와 도예와 그림의 삼위일체로서의 그의 예술은 이 점에서 감각상호간의 호소력을 지닌 영혼의 육성이 될 수 밖에 없게 된다. 그래서 그의 시는 단순한 언어의 탁마가 아닌 혼의 靈歌가 되게 된다.

2. 시세계 조명

시집 『도요속 영혼의 미로』에는 80여편의 시가 특성이나 주제, 경향별로 분류되어 3부에 나누어 수록되어 있다. 그러나 시편들을 일별해 보면 二分法을 적용해 볼 수 있을 것으로 본다.

하나는 영혼의 육성을 형상으로 빚어낸 영가류이고, 다른 하나는 감각으로 표착, 투시, 투과한 비의의 발견으로서의 언어미학이라 할 수 있을 것 같다. 이를 특성별로 나누어 시를 제시, 구체화하면 김영실 시인의 시세계는 대충 드러날 것으로 보여진다.

2-1 영혼의 육성으로서의 시

칠색 실 골고루 모아
타래타래 버무려
삶의 무늬를 짠다

아픔, 절망, 기쁨, 소망은 빨간색으로
분노, 실망, 참음은 파랑색으로
사랑과 이별은 진한 핏빛

생과 사를 보라로 하면
고마움과 서러움은 노랑으로 할까

삶의 고비마다 검정실로 매듭짓고
메울 수 없는 구멍일랑 남겨놓은채

기암에 기댄 노송은

푸른 하늘 머리에 인 구름은
속 깊이 흐르는 강물은
높은 기상 품은 태산은
또
무슨 무늬로 짤까

실타래는 오늘의 무늬를 짠다
삶의 무늬를

예시는 「삶의 무늬」 전문이거니와 화자의 삶을 채색성 이미지로 재구성해 주고 있다. 그래서 '칠색 실'은 화자의 정신일 수도, 영혼일 수도, 정서나 감각, 그리고 삶 자체일 수도 있게 된다. '빨강', '파랑', '핏빛', '노랑', '보라', '검정'등의 교직을 통해 채색해 내는 삶의 문양 속엔 그래서 시인의 혼과 함께 고스란히 삶의 모습이 들어있게 된다.

이를 지적해 이경주 시인은 "이 「도요 속 영혼의 미로」 에는 도요속에서 연마한 알토란 같은 시가 글쓴이의 혼과 함께 춤춘다고 하겠다. 여기에 인생이 있고, 시가 있고, 그리움이 있고 눈물과 슬픔과 철학이 있다"고 지적한 것 같다.

곧 삶의 무늬가 살아 있는 혼, 인생, 사랑, 그리움, 눈물, 슬픔, 철학을 교직해 문양이란 형상미학으로 제시했다는 뜻이 되는데 이를 화자는 「도요속 영혼의 미로」로 제시했던 것이 된다.

「도요속 영혼의 미로」에서 발견할 수 있는 화자의 모습은 시 「좌선」에서 잘 드러나고 있다.

옥수

촛불
향

방석위에
복잡한 번만(煩懣)

들숨 날숨
정화의 숨

흙탕물이 갈아 앉듯
거울 같은 맑은 물

들숨 날숨
무궁의 숨

오늘도 또
방석위에

좌선은 조용히 정좌하고 잡념과의 연을 멀리한 채 무상무념의 정신차원으로 스스로를 이끌어 올리는 수행의 일종이다. 여기에서 득도가 이루어지고 覺이 이루어지며, 지혜의 개안이 열리게 되는 참선에 이르게 된다. 일종의 救魂이요, 정죄를 통한 참에 이르는 통로를 열게 되고, 그리하여 수행의 구도적 경지에 다다르게 된다.

黑白道를 거쳐 공 의 세계에 다다르고자 하는 정신지향의 한 단면을 보여주고 있는 「좌선」은, 좌선에 이르기까지의 흑도를 거치기 마련이다. 이른바 갖은 번뇌를 끊어내지 못한채 苦海에서 방황하며 어둠의 세계로부터 벗어나지 못한 상태를 의미한다.

『도요 속 영혼의 미로』에서의 '미로'가 바로 이를 말해 준다고 하겠는데 미로는 번뇌로부터 벗어나지 못하고 배회하는 방황을 의미한다. 곧 길을 찾지 못했음인데 그 때문에 흑도가 될 수밖에 없게 된다. 속세의 모든 번뇌로부터 벗어나지 못하는 삶, 그 속엔 떨쳐버리지 못한 '사랑', '그리움', '눈물', '슬픔'이 있기 마련이다. 그리고 이것들이 수반하는 '사랑과 이별' 사랑과 이별에 따르는 그리움과 슬픔, 그리고 '기다림'이 필연화 할 수밖에 없게 된다.

가) 사랑은 옹달샘
　　푸고 퍼도 고이는 옹달샘

　　사랑은 샘물
　　갈한 목을 해갈하는 청량수

　　사랑은 용광로
　　쇠도 녹이는 불덩이
　　뜨거운 가슴

나) 그렇게
　　가시려면
　　정마저 가져가시지

　　어째서
　　이 밤 홀로

촛불 밝혀 지새는 고

이 세상
못 다한 인연
내생에서 다시 맺으리

예시 가)는 「사랑」의 일부이고, 나)는 「정」의 전문이다. 세속적 삶의 가장 근원적이고도 본질적인 것이 사랑이다. 화자도 이런 사랑에서 자유로울 수는 없을 것이고 예시 나)에서 보여준 '정' 또한 떨쳐버리고 살 수는 없었을 것이다. '사랑'과 '정'은 인간이 버리고는 살 수 없는, 정신적이고도 정서적인 양식이기 때문이다. 그리고 속세의 삶을 살고 있는 한 예시 나)의 시행이 말해 주듯 '이 세상/ 못다한 인연'으로 고리 걸기를 할 수밖에 없게 된다.

사랑과 정은 다시 '이별'이나 '작별'을 필연화 하게 되고, 이별이나 작별은 '그리움'과 '슬픔'과 '기다림'을 필수화 하기 마련이다.

가) 핏빛 해가 서산에 업혔을 때
손을 놓은 우리

님 그리며 서 있는 나는
동구밖 장승

둥지 찾는 새들 수산스레 쫑아대는 입질에
터진 보자기가 풀어 놓은 어둠

되돌림표 없는 헤어짐은
자꾸 그림자 꼬리를 잘라내며 멀어만 가는데

날숨 멎은 나는
회오리에 휘말린 한 잎 낙엽

나) 안개 뒤에
아련한 미련들

정중히 작별을 고해야 할
삶의 연결고리로 이은 아름다운 인정에
꼭
인사를 해야 한다.

예시 가)는「이별」의 전문이고 나)는「작별」의 일부이다. '이별'과 '작별'을 굳이 따로 나눌 필요는 없겠으나 서로 갈리어 떨어지는 '이별'에 비해 '작별'은 서로 인사로써 보내고 떠난다는 점에서 차이가 있다. 이러한 차이와 상관없이 예시들은 그것이 '이별'이었건, '작별'이었건 예시 가)의 '이별'은 '되돌림표 없는 헤어짐'이란 시행이 말해주듯 기약없는 이별로써 해후의 불가능이란 점에서 예시 나)의 시행 '인사를 해야지'와는 그 본질이나 강도를 달리하고 있다.

문제는 이러한 '이별'이 수반하는 '그리움'이나 '슬픔'에 있다.

가) 그리울 땐
침이 고인다

아기의 젖내음
당신의 그리움

누룽지 내음같이
텃밭에서 금방 따온
할머니의 풋고추 내음 같이
할아버지의 입담배 내음도

못견디게 그리울 땐
단침 한 입
꿀꺽 삼킨다

나) 사랑의 아픔을 잊은 것
불태우고픈 삶의 고아들
그 속에 바래가는 하얀 기억들
자꾸 멀어져 가는 그리운 사람

광풍에
제각기 몸부림치다 부러진 가지들
사랑을 잃은 생명은
죽음보다 슬픈 것
그래서
나무는 뿌리로
뿌리로 포옹하는 것

예시 가)는 「그리움」의 전문이고 나)는 「슬픈 것은」의 전문이다. 예시 가)에서의 그리움은 '못견디게 그리움'이다. 물론 이 그리움은 이성간의 , 혈통간의, 나아가서는 이웃간의 인사적 그리움 일수도 있다. 왜냐하면 그리움은 사랑의 대상에 따라 그 환기력을 달리하기 마련이기 때문이다.

예시 나)의 슬픔은 그리움의 본질을 보다 극명히 해주고 있다. 시행 '사랑의 아픔을 잊는 것'이 그리움이고, '자꾸 멀어져 가는 그리운 사람'에게로 향하는 슬픔이 되어주고 있기 때문이다.

대상이야 어쨌건 '그리움'과 '사랑'은 '사랑'이 수반하는 인사적이고도 세속적인 것으로서의 인연의 고리를 걸고 있는 것들이다. 그리고 이러한 인연의 고리를 끊어내지 못했을 때 필연화 하는 것으로 기다림이 있다.

기다림은
기다림은
외로운 것
바위 옆에 홀로 핀 들국화
멀리 들려오는 기적소리
기다림은 적막의 울림
들숨과 날숨이 헷갈린 정점

기다리다
기다리다
주저앉으면
그 자리에 실언의 바위 되는 것

시 「기다림」의 전문은 이를 잘 말해주고 있다. '기다림은 / 기다림은 / 외로운 것'이라는 시행에서 볼 수 있듯이 '기다림'은

'이별'과 '작별'이 체험하게 하는 단독자로서의 외로움에서 비롯된다. 그리고 이런 연의 고리를 잘라내지 못했을 때 예시 종연처럼 '기다리다 / 기다리다/ 주저앉으면 / 그 자리에 실언의 바위'가 될 수도 있게 된다.

해석이야 어쨌건 세속적 삶이 체험하게 되는 사랑과 이별, 사랑과 이별이 수반하는 '그리움'과 '슬픔'과 '기다림'같은 것은 다 인연의 고리를 끊어내지 못하는데서 체험하게 되는 세속적 삶이 파생시킨 것들이다. 그리고 이러한 세속적 삶이 체험해야 했던 고리를 걸고 있는 한 苦海에서 헤매이게 되는 흑도를 걸을 수밖에 없게 된다.

시집『도요 속 영혼의 미로』는 바로 시인의 흑도행을 '영혼의 미로'로 제시했던 셈이고 동시에 이러한 고해로부터 구제하고 싶었던 영혼을「구혼」으로 제시했던 것으로 보아줄 수 있게 한다.

등 뒤에 그윽한 눈길을
외면해야 하는 그는
무척 수척하다

무언의 눈 맞춤을
사시(斜視)로 보아야 하는 그는
가슴이 메었다

무엇으로도
덮을 수 없는 영혼은
시립디

시렵다

구혼하려고
기도하던 그는
혼과 함께
훨훨 날아가고 있었다

예시는 시린 영혼을 구원하기 위해 '훨훨 날아가는' 구속으로부터 자유로이 날 수 있는 救魂의 비상을 제시함으로써 자구화하고 있다. 그렇다고 한편의 시로 구원이기를 희망한 것은 아닌 것 같다. 그것은 스스로의 영혼에 불질러 영혼의 불꽃만이 燒成해 낼 수 있는 도요의 장인으로 구혼을 실천했고 영혼의 담근질로 언어를 주조해 시로써 형상화하고 있으며 無聲詩로써 영혼의 풍요를 구가하고 있기 때문이다.

이를 시로써 증언한 것이 시 「도자기 가마」와 「죽어가는 불사조」다.

가) 2400F 백열 가마 속에
내 혼신(渾身)을 태운다
불혀가 검은 연기를 삼키며
신들린 살풀이

고집스럽게 일렁이는 화신(火身)
내 정기를
송두리째 삼킨다

삼단 같던 머리

버들가지처럼 풀어 제치고
한 맺힌 응어리 도려낸다

사그러진
싸늘한 도요의
산통으로 까만 자궁이
숱한 옥동자를 낳는다

내 영혼을 불태운다

나) 나는 본다 잿더미를
눈물 가득한 눈으로

잿더미 속에서
무엇인가 움직인다

작은 아기 불사조
태어나는 것을

예시 가)는 「도자기 가마」 전문이고, 나)는 「죽어가는 불사조」 일부이다. '내 혼신을 태운다'나 '내 영혼을 불태운다'고 진술한 예시 가)에 의해 새로이 탄생하는 것이 예시 나)에서의 '무엇인가 움직인다 잿더미 속에서 / 작은 아기 불사조 태어나는 것을'이다.

이 '아기 불사조'의 탄생은 영혼을 불태워 燒成시킨 화자 자신의 예술혼이자 예술자체다. 그래서 도요속 영혼의 미로는 흑도를 거쳐 백도에 진입하게 되고 그의 도예와 시와 無聲詩는 다같이 그의 불사조가 되기에 이른다. 그리고 그의 예술은 영혼을 불태워 일구어낸 혼의 다른 모습이었고 이 점에서 그의 시는 영혼의 육성이 될 수 있게 된다.

3. 결어

이상으로 김영실 시인의 시집 『도요 속 영혼의 미로』를 얼별해 본 셈이다. 결론적으로 집약하면 김영실 시인은 '영혼의 미로'를 도예 · 그림 · 시로써 훌륭히 극복해 가는 과정을 보여주고 있는데 이는 세속적 삶이 수반했던 여러 고리의 연들을 예술로 승화했기 때문으로 볼 수 있다. 그리고 이러한 승화만이 획득할 수 있는 영혼의 육성이 그의 시라는데 결론은 귀결될 수 있을 것으로 본다.

•

김영실 시인은 충남 천안 출생으로 1962년 Katinka Fashion Designing School in London England 수강후 1964년 도미했다. 미연방 FDIC/재무부 20년 근무(1998년 정년퇴직)하였고, 도예가, 동양화가, 한미 미술협회 회원으로 활동했다. 한의사 자격증 (NCCAOM)을 취득후 현재 Aasian Medical Center 근무중이다..

•

조선문학시인선 292

도요陶窯 속 영혼의 미로

2011년 6월 5일 인쇄
2011년 6월 15일 발행

지은이 / 김영실
발행인 / 박진환
펴낸곳 / 조선문학사
등록번호 / 1-2733
주소 · 110-092 서울 서대문구 홍제2동 96-4
대표전화 / 730-2255
팩스 / 723-9373

ISBN 978-89-93614-58-9

정가 8,000원